Tod durchs Finanzamt

AF189723

*"In dieser Welt gibt es nichts Sicheres,
außer Tod und Steuern"*

Benjamin Franklin (1706-1790)

Tod durchs Finanzamt

Michael Prellwitz

Tod durchs Finanzamt

Wie die Steuerbehörde gegen die eigene Bevölkerung vorgeht

Tod durchs Finanzamt

1. Auflage August 2019
ISBN: 9783749468201

Manufactured and published by BoD-
Books on Demand, Norderstedt, Germa-
ny.

Die Deutsche Nationalbibliothek ver-
zeichnet diese Publikation in der Deutschen Nationalbibliografie; detaillierte
bibliografische Daten sind im Internet
über www.dnb.de abrufbar.

Guten Tag!

Wer sich mit dem Finanzamt anlegt, kämpft auf verlorenem Posten: das Finanzamt schätzt Ihre Beträge – Sie müssen den letzten Cent genau nachweisen. Das Finanzamt darf Ihr Konto pfänden – Sie müssen um jede Rückzahlung betteln. Rückzahlungen des Finanzamtes bleiben unverzinst – Ihre Steuerschulden werden mit einem Wucherzins versehen. Sind Sie einmal krank, können Sie sich nicht aktiv gegen das Amt wehren – ist ein Sachbearbeiter krank, wird er sogleich gegen den nächsten ersetzt. Ihnen steht immer eine Schwarm"intelligenz" gegenüber, Sie dagegen kämpfen allein. Beamte der Steuerverwaltung bekommen am Monatsanfang ihr Gehalt für noch nicht geleistete Arbeit – Sie erhalten ihren Lohn einen Monat nach getaner Arbeit oder gelieferter Ware. Sie erhalten jedes Jahr unverständliche Schreiben in einem grottenschlechten Amtsdeutsch, fast in jedem dieser Briefe werden Strafen aller Art angedroht – falls Sie sich einmal im Ton vergreifen, werden Sie sogleich als „Querulant" gemobbt, sanktioniert und besonders genau geprüft. Die Steuerbehörde weiß alles über Sie: was Sie verdienen, ob Sie geschieden sind, wo Sie Urlaub machen, einkaufen, Essen gehen. Sie wissen über den Sachbearbeiter nichts. Sie sind zu jeder Auskunft verpflichtet, das Amt beruft sich auf das Steuergeheimnis.

Berufen Sie sich doch einmal gegenüber der Behörde auf das Steuergeheimnis, dann schickt Ihnen das Amt die Polizei nach Hause – ohne Gerichtsbeschluss, denn den benötigt das Finanzamt selbstverständlich nicht. Diese Liste der Ungleichbehandlung und Diskriminierung könnte beliebig fortgesetzt werden.

Entstanden sind diese Missstände in Mitteleuropa im 15. Jahrhundert. Adelige Ritter benötigten damals immer höhere Summen, um ihre teure Kampfausstattung und ihre kostspieligen Burgen zu unterhalten. Um die Gelder einzutreiben wurden Ritterbünde gegründet, wie der Sternenbund, der Bund „Vom Horne" oder der Löwenbund. Diese Bünde gingen gnadenlos gegen die Leibeigenen der Ritter vor: wer nicht zahlen konnte, wurde mit Ausplünderung oder Brandschatzung bestraft. Zahlreiche neue Steuern und Abgaben wurden eingeführt, so eine Biersteuer, ein Wegezoll selbst für Tiere (!), eine Sonderabgabe für das Recht, in der Schlosskirche am Gottesdienst fehlen zu dürfen (Sie haben richtig gelesen: es herrschte Anwesenheitspflicht, wenn der Pfarrer predigte, wovon man sich aber freikaufen konnte) usw. Gleichzeitig führten die Ritterbünde genauestens Buch über Einnahmen, Steuerleistungen, Verpflichtungen – diese sorgfältige Buchführung war einer der Vorläufer der modernen Steuerverwaltung. Federführend beteiligt waren an der Einrichtung einer frühneuzeitlichen Steuerbehörde der Franke

Hans Thomas von Absberg (1477-1531) und der Österreicher Gamareth Fronauer (geb. vor 1448-1498). Von der Bevölkerung wurden solche Adeligen aber bald „Raubritter" genannt, ein Begriff, der mündlich wohl im 14. Jahrhundert aufkam und schriftlich erstmals 1672 belegt ist.

Im Laufe der Jahrhunderte ist aus den Vorarbeiten der Ritter dann ein perfides Steuersystem geworden. Perfektioniert wurde das System aber im NS-Staat, aus vermutlich zwei Gründen: 1. die Nationalsozialisten wollten ihren Weltkrieg finanzieren, dazu wurde jede Steuer benötigt. 2. die Nationalsozialisten gingen erbarmungslos gegen einen Teil der eigenen Bevölkerung vor; so wurden vor allem die Vermögen der Juden mit zahlreichen neuen Steuern und Sonderabgaben belegt.

Unglaublich, aber wahr: das Finanzamt Berlin-Charlottenburg ziert noch heute ein Reichsadler der Nazijahre, lediglich das Hakenkreuz wurde schamhaft mit der Hausnummer überklebt!

Nachgewiesen hat das eindrucksvoll Reimer Voß in seinem Buch „Steuern im Dritten Reich: vom

Recht zum Unrecht unter der Herrschaft des Nationalsozialismus" (1995). Von Juden wurde auf einmal eine Reichsfluchtsteuer erhoben, es gab eine Judenvermögensabgabe, bei den Einkommensteuergesetzen waren sie ab 1934 benachteiligt, was 1939 nochmals verschärft wurde. Der allerletzte Satz des umfangreichen Buches lautet: „Aus heutiger Sicht aber müssen wir sagen, daß die Steuerrechtler ihrer Verantwortung gegenüber den Rechtsidealen einer menschlichen Gesellschaft nicht gerecht geworden sind".

Nach den Nationalsozialisten wurde es kaum besser, die menschliche Gesellschaft wurde weder im real existierenden Sozialismus Wirklichkeit noch im System der „freien" Marktwirtschaft. Vor allem in der DDR wurde die Steuerbehörde ein Hebel der Repression und Einschüchterung. Der Berliner Rechtsanwalt Ulf Bischof hat dazu eine wissenschaftliche Studie vorgelegt: Steuerbehörde und Staatssicherheit arbeiteten Hand in Hand. Schon in den 1970er Jahren gab es innerhalb des Ministeriums für Staatssicherheit eine eigene Abteilung, die sich darum kümmerte, wie man an das Vermögen von Privatpersonen herankommen könnte. Für den Staat war dies leicht: man forderte von den Eigentümern urplötzlich eine „Kunststeuer" auf den röhrenden Hirsch im Wohnzimmer, auf Omas Kaffeeservice und Opas Schaukelstuhl. Wehrten sich Bürger gegen diese Form der Enteignung, wurden sie inhaftiert, verschwanden in der DDR-Psychiatrie oder wurden in einem Fall sogar ermordet! Die Kunstgegenstände verschwanden auch, nämlich erst in geheimen Lagerhallen, zum Beispiel in Mühlenbeck im Norden von Berlin, von wo aus sie über Strohmänner und Scheinfirmen in den Westen gebracht wurden. Der staatliche Raub an der eigenen Bevölkerung, so wird geschätzt, brachte jährlich zehn Millionen Westmark in die Kassen.

Dass nun eine Diktatur wie der „Sozialismus mit menschlichem Antlitz" seine eigene Bevölkerung enteignete, mag man noch nachvollziehen. Doch ist es im goldenen Westen wirklich anders? Die hier vorgestellten Beispiele von der Gründung der BRD bis nach der

Wiedervereinigung bringen die grausame Wahrheit ans Tageslicht: Bei Steuern ist Schluss mit lustig, da wird der Staat zum maßlosen Leviathan. Betrug in biblischen Zeiten die Steuerlast zehn Prozent (der legendäre „Zehnt"), so kann man heute davon nur noch träumen. Rechnet man alle offiziellen und versteckten Steuern zusammen, von der 1902 eingeführten Schaumweinsteuer bis zur Rundfunkzwangsgebühr, über Einkommensteuer, Gewerbesteuer, Kapitalertragsteuer, Erbschaftsteuer, Mehrwertsteuer usw., so kommt man auf eine Belastung von derzeit 76 Prozent.

Ich möchte noch mit einer persönlichen Bemerkung schließen. Ich selbst zahle seit dreißig Jahren

Steuern und habe dabei natürlich meine eigenen Erfahrungen gemacht. Diese Erfahrungen lassen sich aber keinesfalls mit den hier zusammengetragenen Schicksalen vergleichen. Ich schreibe also keinesfalls aus Enttäuschung oder Wut, sondern aus historischem Interesse. So habe ich über Jahre immer mal wieder Berichte über biografische Schicksale aufgehoben, bis mein ältester Sohn die Idee hatte, ich solle ein kleines Büchlein daraus machen. Da ich seit der Schulzeit keinen längeren Text mehr verfasst habe, möchte ich dem Gudrun-Verlag danken für vielfältige Hilfe und Unterstützung, vor allem Leni Waltersdorf für ihr sorgsames Lektorat.

Michael Prellwitz, 3. Mai 2019

15

Tod durchs Finanzamt

Tod durchs Finanzamt

Tod durchs Finanzamt

1. Siegbert Springer springt in die Spree:

Wie Nationalsozialisten Steuern eintrieben

Schon im Dritten Reich arbeiteten die Steuerbehörden besonders hemmungslos und brutal, da diese Behörde unter jedem Unrechtsregime geradezu aufblüht. Besonders hart hat es Siegbert Springer getroffen. Dieser stammte aus Schubin bei Bromberg, wo er 1892 geboren wurde. Er studierte Rechtswissenschaften und promovierte 1907 in Rostock mit der Arbeit „Die Aufrechnungsbefugnis des Hauptschuldners gegenüber dem Regreßanspruch des Bürgen mit einer ihm an den befriedigten Gläubiger zustehenden Gegenforderung", was auch im Steuerrecht eine große Rolle spielt. Als der Erste Weltkrieg ausbrach, diente er als Feldwebel an der Westfront, geriet in französische Kriegsgefangenschaft und wurde am 16. Dezember 1918 entlassen. Er begab sich nach Berlin, wo er als Repetitor selbstständig tätig wurde. Bei diesem Beruf bereitete er also Studenten und auch Studentinnen auf die juristischen Examina vor. Springer erarbeitete sich einen exzellenten Ruf und galt bald als bester Repetitor in ganz Berlin; beliebt war er bei seinen Studenten wegen seines schwarzen Humors. Als Selbstständiger hatte er dazu in Berlin-Moabit (Spenerstraße 15, erster Stock links) eine kleine Wohnung, in der er seinen Unterricht gab. Seit 1989 erinnert hier eine Gedenktafel an Siegbert Springer, bei der leider ausgelassen wurde, aus welchem Grund Springer aus dem Leben schied – davon soll die Bevölkerung offensichtlich nichts erfahren.

Von 1933 bis 1938 hatte Springer immer wieder mit dem Finanzamt zu tun. Da er Jude war, machten ihm die zahlreichen Sondergesetze und Diskriminierungen schwer zu schaffen und es ist ein Wunder, dass Springer überhaupt bis 1938 beruflich tätig sein konnte. Der Druck nahm zu, 1938 forderte das Steueramt Rückzahlungen und kündigte eine Strafzahlung von über 680 Reichsmark an, weil Springer gegen das Gesetz verstoßen habe, indem er als Jude „Arier" in Rechtswissenschaften unterrichtete. Auch wurde ihm vorgeworfen, gegen wettbewerbliche Bestimmungen verstoßen zu haben, indem er keine oder zu niedrige Gebühren verlangt habe und damit den Staat um seine Steuereinnahmen bringe. Hören wir dazu einen seiner ehemaligen Schüler: Springer „hatte aber keine Beziehung zu Geld. In der zweiten Hälfte der zwanziger Jahre betrug die Gebühr für einen Kurs 20 RM. (Als Hilfsarbeiter konnte man damals 200 – 300 RM monatlich verdienen). Dieses Geld wurde ihm in einem Umschlag übergeben. Er steckte es verstohlen ein. Man konnte bei Notlage ohne weiteres auf vollen Erlaß rechnen. Er haßte es, über Geld sprechen zu müssen."

Springer nutzte es leider wenig, dass er Kontakte zu einflussreichen Persönlichkeiten besaß. Er hatte die Söhne von Reichskanzler Hermann Müller und Wilhelm Marx, Reichsaußenminister Gustav Stresemann, Reichsinnenminister Erich Koch-Weser und von Reichsgerichtspräsident Walter Simons unterrichtet. Sogar die Enkel des letzten deutschen Kaisers gingen bei Springer in die Schule – man ließ sich von Juden gerne helfen, ohne ihnen selbst Hilfe zukommen zu lassen.

Schließlich waren die Zahlungsaufforderungen und der Druck des Finanzamts zu groß. Siegbert Springer nahm sich am 10. Mai 1938 das Leben, er hat sich in der

Spree nahe seines Wohnsitzes er-
tränkt.

Tod durchs Finanzamt

Tod durchs Finanzamt

2. Ausgequakt in Quakenbrück

Besonders tragisch ist das Schicksal von Wilhelm Bosse, den das Finanzamt aus Geldgier regelrecht in den Tod getrieben hat. Man denkt, diese grausame Geschichte stammt aus dem Dritten Reich, doch sie ereignete sich 1954, als die Bundesrepublik als „Rechtsstaat" bereits einige Jahre existierte. In den Finanzämtern trieben aber die ehemaligen Nationalsozialisten weiterhin ihr Unwesen und drangsalierten die Bevölkerung.

Wilhelm Bosse (1908-1954) arbeitete als Dachdeckermeister in Quakenbrück, eine beschauliche Fachwerkstadt im Landkreis Osnabrück in Niedersachsen. Aus seinem Leben ist nichts Negatives bekannt: Bosse hat keine Verbrechen begangen, keine Frau ermordet, keine Bank überfallen, keine Steuern hinterzogen. Im Gegenteil: er war an seinem Heimatort geachtet, Mitglied im Kegelverein und unter Kollegen beliebt.

Er machte nur einen großen Fehler: Meister Bosse hatte für sich und seine Familie ein kleines Vermögen angehäuft, dass nun der Fiskus an sich reißen wollte. Besonders hartnäckig hat sich dabei der Steuerprüfer Thönissen hervorgetan. Thönissen war ein ganz besonderer Steuerfahnder: er war viele Jahre als Steuerberater tätig, wechselte dann die Seiten, indem er bei der Finanzbehörde eine neue Arbeit fand. Dank seiner intimen Kenntnisse lieferte er viele derjenigen ans Messer, die er zuvor beraten hatte!

Unangemeldet erschien Thönissen in der Werkstatt von Bosse und setzte ihn unter Druck, wobei er behauptete, Bosse habe ja so viel Vermögen, da brauche er sich ja vor nichts fürchten. Es blieb nicht bei einem Besuch, sondern Bosse wurde regelrecht unter Druck gesetzt. Wieder unangemeldet erschien die Steuerfahndung in seinem Haus und untersuchte dieses auf das Genaueste. Jeder, der schon einmal eine Hausdurchsuchung über sich ergehen lassen musste, weiß, wie demütigend und gnadenlos dies ist: die Beamten wühlen in der Unterwäsche der Frau, Lebensmittel werden zerstört unter dem Vorwand, man würde dort Geld oder Gold verstecken, selbst Kacheln und Installationen werden abgerissen, zerschlagen, zertreten. Für das Aufräumen sind sich die feinen Beamten selbstverständlich zu schade, und auch Schadensersatz für die Zerstörungen wird nicht geleistet, selbst wenn gar nichts gefunden wurde. So war es natürlich auch im Falle von Meister Bosse. Obwohl die Hausdurchsuchung erfolglos verlief, litt der Ruf des ehrbaren Handwerkers, denn darauf hatten die Finanzbeamten es ja abgezielt. Dennoch weigerte sich Bosse standhaft zu zahlen.

Am 23. Februar 1954 sollte er wieder einmal beim Finanzamt erscheinen – mit solchen Vorladungen versuchte die Behörde Bosse zu zermürben, da er als Selbstständiger den zahlreichen Schreiben und Vorladungen kaum nachkommen konnte und durch die Behörde finanzielle Einbußen erlitt, für die das Finanzamt natürlich in keiner Weise aufkam. Bosse stand alleine, auf Seiten der Finanzbehörde standen Sachbearbeiter, Juristen und Steuerexperten. Diese verdienten ihren Lebensunterhalt durch das Vorgehen gegen Bosse; Bosse hingegen verlor Zeit und Einkommen.

Meister Bosse hielt dem Druck der Steuerbehörde schließlich nicht länger stand. In den frühen Morgenstunden des besagten Dienstag nahm er einen Strick, stieg auf den Dachboden seines Hauses und erhängte sich. Er hinterließ Frau und Kinder.

Bosse wurde am 28. Februar 1954 beerdigt. Die Beerdigung des

Märtyrers der Steuerungerechtigkeit wurde zu einem Protestzug gegen Steuerwillkür, Beamtenherrlichkeit und Bürgerschikanen. Unter den 4000 Trauergästen waren viele Handwerkskollegen aus ganz Niedersachsen angereist, die ebenfalls unter der Steuerlast litten. Man forderte gerechtere Steuern und ein anderes Verhalten der Behörden. Vor allem die Betriebsprüfer führten sich immer wieder in Gutsherrenmentalität auf und waren in ganz Niedersachsen gefürchtet.

Geholfen hat es so gut wie nichts, obwohl der Staat 1954 anlässlich dieses tragischen Falls offen zugab, dass er durch raffinierte Prüfungen versuchte, an untragbare Steuern heranzukommen. Finanzminister Alfred Kubel (1909-

1999) gab ebenfalls zu, dass die Zersplitterung des Steuerrechts und die Steuerhöhe geändert werden müsse. Geändert hat sich seitdem nichts: Kubel machte Karriere, wurde Ministerpräsident, hat aber sein Versprechen nicht eingelöst. Auch Thönissen wurde nicht verurteilt, geschweige denn angeklagt. Ganz im Gegenteil, die Oberfinanzdirektion in Hannover log zu dem Fall noch, indem sie Thönissen korrektes Vorgehen bescheinigte und frech behauptete, der Handwerksmeister habe eben ein Alkoholproblem gehabt. Damit war der Fall für die Behörden erledigt.

Auch in den folgenden Jahren sind unbescholtene Steuerzahler von den Finanzbehörden immer wieder drangsaliert, verfolgt und letztlich auch in den Tod getrieben worden. Fairerweise muss man aber sagen, dass diese Selbstmorde eigentlich ein Fauxpas sind: die Finanzämter haben eher ein Interesse, ihre Opfer langsam auszusaugen und so noch an die letzten Ersparnisse zu kommen. Ein Toter ist für die Steuerbehörden letztlich unbrauchbar, da sich aus ihm nichts mehr herauspressen lässt. Hier bewahrheitet sich einmal die Weisheit, dass das letzte Hemd eben keine Taschen hat.

Tod durchs Finanzamt

Tod durchs Finanzamt

3. Vom Staat bestohlen: Steuern unter dem Sozialismus

Blicken wir zurück in den Osten, genauer gesagt in die DDR. Viele sind heute erstaunt, dass es im Sozialismus überhaupt eine Steuerbehörde gab, da ja, glaubt man der Theorie, alles allen gehören sollte. Doch lesen Sie selbst...

Helmuth Meißner führte in Dresden ein Antiquitätengeschäft. Er hatte dieses Geschäft kurz nach Kriegsende gegründet, zu einem Zeitpunkt, als es die DDR noch gar nicht gab.

Als eines der wenigen Privatbetriebe war das Geschäft bereits vielfältigen staatlichen Schikanen und Belastungen ausgesetzt. Doch der Staat wollte diesen Betrieb nicht aussaugen, sondern ganz übernehmen. Der Antiquitätenladen geriet sehr früh in das Visier der Staatssicherheit, aktenkundig bereits 1953. Der Grund war, dass in dem Laden auch immer wieder Kunden aus dem Westen, auch Offiziere der britischen oder amerikanischen Armee, verkehrten. Das war nicht verboten, aber nicht gerne gesehen, man witterte sogleich „Agententätigkeit" und betrachtete den Laden als Treffpunkt von Verschwörern, Meißner sei ein „Feindarbeiter". Die Verdächtigungen erwiesen sich aber als haltlos, Meißner war unschuldig.

1968 eröffnete man gegen ihn einen Strafprozess wegen „illegalen Goldhandels", doch erneut konnte Meißner seine Unschuld beweisen.

Dennoch observierte die Staatssicherheit Meißner weiterhin kontinuierlich. 1982 berichtete ein Spion, Meißner sei einer der reichsten Männer der DDR, er würde in der Öffentlichkeit mit einen Ring im Wert von 100.000 Mark protzen, privat würde ihm ein Rembrandtgemälde gehören. Nichts davon entsprach der Wahrheit. Unumwunden heckte man einen Plan aus, Meißner mit extremen Steuern zu belegen, um an den Besitz seiner Kunstgegenstände zu kommen. Das Mittel der Wahl: eine Hausdurchsuchung der Steuerfahndung, selbstverständlich nicht angekündigt im Morgengrauen. Bis zu zwölf Steuerfahnder durchwühlten die gesamte Wohnung, brachen Parkett auf, durchbohrten Wände und hinterließen die Zimmer in einem Zustand, der Meißner an die Bombardierung Dresdens erinnerte.

Meißner wohnte nun nicht einmal in einer der vielen Dresdner Villen, sondern in einer einfachen Wohnung im Stadtteil Striesen. In dieser lagerten auch Gegenstände seines Antiquitätengeschäfts, die die Steuerbehörde einfach seinem Privatvermögen zuordnete. Alte Möbel wurden zu wertvollsten Antikschränken, Omas Kaffeeservice zu prätentiösen „Asiatika", Gewehre aus dem Zweiten Weltkrieg zu historischen Waffen. Selbstverständlich wurden die Antiquitäten gleich auf Lastwagen geladen und abtransportiert.

Damit Meißner sich nicht gegen diese Beschlagnahmungen und die Zahlungen wehren konnte, wurde er in die Psychiatrie Arnsdorf, die dem Bezirkskrankenhaus Dresden angeschlossen war, eingewiesen. Das geschah ausdrücklich gegen seinen Willen und unter Gewalteinwirkung. In der Anstalt lebte er als stationärer Patient wie ein Gefangener, hatte nicht einmal die (wenigen) Rechte eines DDR-Häftlings. So wurde er durch Isolation zermürbt. Meißner dachte in seiner Verzweiflung an Suizid, er überlegt, sich als lebende Fackel vor das Rathaus der Stadt Dresden zu stellen. Inzwischen errechnete die Steuerbehörde einen Fantasiebescheid, mit dem man erhoffte, bereits an die Hälfte des Privatvermögens von Meißner zu gelangen.

Vor allem die Staatssicherheit trieb die Steuerverwaltung an, die Summen nach oben zu setzen, was diese willfährig umsetzte. Schließlich forderte man ganze 95 Prozent seines Privatvermögens als „Steuerschuld".

Meißner konnte sich bislang nicht zur Wehr setzen, da er, inzwischen achtzigjährig, viele Monate in der Psychiatrie verbracht hatte. Er verließ diese Stätte erst am 3. November 1982: gesundheitlich angeschlagen, erschöpft und traumatisiert. Nun musste er seine Enteignung erleben: der Steuerbescheid wurde auf 5,2 Millionen Mark festgelegt, oben drauf kamen nochmals 260.000 Mark „Bearbeitungsgebühr". Ein Einspruch gegen das Verfahren war nicht möglich, da die DDR keine Verwal-

tungs- und keine Finanzgerichts-
barkeit kannte.

Wie üblich in solchen Fällen war
die Frist zur Zahlung mit zwei Wo-
chen äußerst knapp bemessen, so
dass nicht einmal mehr Zeit zu
Verkäufen blieb. In Folge des Steu-
erbescheids wanderten dann über
3.000 Kunstgegenstände in die De-
pots der „Kunst und Antiquitäten
GmbH". Von dort kamen sie teil-
weise in Staatliche Sammlungen
und Bibliotheken. Der größte Teil
wurde an den Westen verkauft, um
das eigene marode System über
Wasser zu halten. Erst nach der
Wende 1989 mussten die Staatlichen Kunstsammlungen Dresden
widerwillig einen Teil der damals
illegal erworbenen Sammlung an
den Sohn des inzwischen verstor-

benen Helmuth Meißner zurückge-
ben.

Tod durchs Finanzamt

Tod durchs Finanzamt

4. Leichenfledderei im 21. Jahrhundert:

Das Finanzamt schreckt vor nichts zurück

Man sollte denken, dass mit dem Tod auch die Quälerei durch das Finanzamt ein Ende hat. Es wäre zu schön, aber selbst vor "Leichenschändung" schrecken deutsche Steuerbehörden nicht zurück. Der folgende Fall ereignete sich in der Stadt Krefeld im Jahre 2012. Man würde es nicht für möglich halten, hätten nicht seriöse Zeitungen damals ausführlich über den Fall berichtet.

Frau Altmann verstarb 2010 hochbetagt mit 89 Jahren – an ihr hatte das Finanzamt über viele Jahre ein stolzes Sümmchen verdient – doch damit nicht genug! Ende 2012 – selbstredend in der Vorweihnachtszeit – meldete sich bei den Hinterbliebenen das Finanzamt. Es sei noch eine knapp fünfstellige Summe offen, dazu Verzugszinsen... Jedoch ging es nicht etwa um Erbschaftsteuern oder Begräbniskosten, wo jeweils das Finanzamt kräftig mit verdient, sondern es ging um die weitere Besteuerung der Toten! Angeblich seien noch Rechnungen bis in das Jahr 2007 offen, die müssten eben jetzt die Tochter und der Schwiegersohn zahlen – als Doppelverdiener habe dieses Ehepaar ohnehin viel zu viel zum (Über)Leben, so die Logik des Finanzamts. Das Ehepaar hatte größte Schwierigkeiten, in den Unterlagen der Toten fünf Jahre zurückliegende Vorgänge zu rekonstruieren. Ohne Belege für steuermindernde Ausgaben musste der Schwiegersohn in den sauren Apfel beißen und ungerechtfertigt hohe Steuern zahlen. Das Paar hatte an dem Erbe wenig Freude. Rückblickend meinte es: „Am meisten stört uns die Art und Weise, wie das Finanzamt einen von oben herab behandelt — mit großem Desinteresse für die besondere Situation". Dem Paar war die Steuerschuld der Verstorbenen nicht bekannt, die Forderung der Behörde zum Zeitpunkt der Testamentseröffnung nicht offensichtlich. Im Klartext: selbst wenn man erbt und

pflichtgemäß seine Erbschaftsteuer zahlt, kann eines Tages eine
Forderung bezüglich des Erblas-
sers das Finanzamt eine Existenz
zerstören! Mit solchen Tricks ver-
suchen die Behörden, dass Bürger
aus Angst vor dem Fiskus ihr Erbe
ausschlagen, oder, was das Finanzamt am liebsten sieht, gleich den
Staat als Erbe einsetzen.

Tod durchs Finanzamt

5. Uhrmacher Breitenbürger:

„Es ging zu wie auf dem Basar"

Rolf Breitenbürger ist ein Uhrmachermeister, der in Bremen einen alteingesessenen Betrieb führt – hier werden seit Jahrzehnten Steuern gezahlt. Er ist in seinem Heimatort als Uhrendoktor bekannt und engagiert sich für die FDP. Am Fenster seines Ladens findet man die mutige Aufschrift „Diebe, Betrüger und Finanzbeamte sind auch als Kunden unerwünscht". Dafür gib es einen Grund.

Mitten in der Weihnachtszeit 2010 standen (unangemeldet) zwei

Steuerprüfer vor der Tür. Laut Breitenbürger nahmen sie in seinem Laden Platz, tranken dort Kaffee und unterhielten sich stundenlang miteinander. Da in seinem Laden viel mit Bargeld gezahlt wird, ist hier das Finanzamt besonders misstrauisch. Im Bescheid nach dem Besuch wurde die Nachzahlung auf 20.000 Euro festgelegt, weil angeblich die Buchführung nicht vollständig gewesen sei. Diese Summe war, wie sich bald herausstellte, völlig überzogen, geradezu willkürlich und zeigt, mit welchen Maximalforderungen Steuerbeamte Angst und Schrecken verbreiten. Im Falle von Meister Breitenbürger führte diese überzogene Forderung auch zu gesundheitlicher Beeinträchtigung. Er fand aber noch die Kraft, im neuen Jahr einen Fachanwalt für Steuerrecht aufzusuchen. Schon nach einer Woche rückte das Finanzamt von der Maximalforderung ab und wollte jetzt „nur noch" 14.000 Euro haben. Das zeigt, dass nur diejenigen Bürger sich schützen können, die die Gebühren für spezialisierte Anwälte zahlen können – wer das nicht kann, ist dem Finanzamt hilflos ausgesetzt. Meister Breitenbürger konsultierte auch den Petitionsausschuss, sein Fall kam bis zur Finanzsenatorin. Die Finanzbehörde wurde immer kleinlauter, nachdem sie merkte, dass Meister Breitenbürger sich wehrte und auch in die Öffentlichkeit ging – so berichtete sogar der Dokumentarfilmer Lutz G. Wetzel in der Sendung „45 min." für den öffentlich-rechtlichen

NDR – finanziert vermutlich mit einem Teil des Geldes, welches man Breitenbürger abgenommen hat.

Breitenbürger meint heute rückblickend: „Es ging zu wie auf dem Basar". Schließlich musste er nur noch einen Bruchteil der ehemaligen Forderung zahlen, was die Bezeichnung „Diebe und Betrüger" durchaus rechtfertigt. Dem Bremer Finanzamt ist dieser Fall heute so peinlich und unangenehm, dass es dazu nicht Stellung nimmt.

Tod durchs Finanzamt

Tod durchs Finanzamt

6. Das Leben schenkt Dir etwas – das Finanzamt will es auch

Folgendes Vorgehen war derart skandalös, dass sogar die ARD-Sendung „Brisant" darüber berichtete. Es ging um Annerose und Lisa Richter sowie ihren Onkel Helfried aus Ziegra-Knobelsdorf bei Döbeln in Sachsen. Die Familie lebte dort auf einem verfallenen Vierseit-Bauernhof auf dem Lande – eigentlich hätte man die Familie unterstützen müssen, dass sie überhaupt noch in den alten Gemäuern ohne Strom und ohne Heizung lebte.

2008 nahm die Familie an der TV-Show „Einsatz in vier Wänden" teil, bei der RTL das Wohnhaus des Hofes überhaupt wieder bewohnbar machte. Vom Finanzamt hörte Familie Richter erst, als bereits acht Jahre vergangen waren. Das Finanzamt wartet nämlich gerne: zu der Forderung kann es nämlich jetzt saftige Wucherzinsen aufschlagen. Selbstverständlich meldete sich das Amt auch in diesem Fall in der Adventszeit, wo man eher an Frieden und Familie denkt als an die negativen Kräfte, die den Frieden und die Familie zerstören.

2015 schrieb das Amt also Frau Richter an: sie habe noch 200.000 Euro Schulden, genau genommen 158.462,23 Euro zuzüglich 40.000 Euro Zins. Zu dem Zeitpunkt, als die Renovierungen stattfanden, war Lisa Richter noch nicht einmal erwachsen. Es waren die Nachwendejahre: die Löhne waren gering, die gesamte Wirtschaft befand sich im Umbruch, die Landbevölkerung ging in die umliegenden Städte oder gleich ganz in den Westen. Auch die Familie Richter war von Erwerbslosigkeit und Krankheit betroffen, der Hof war damals baufällig und barg gesundheitliche Gefahren. 2008 wurden damals nur das Wohnhaus renoviert und von diesem noch nicht einmal alle Räume, sondern nur die notwendigsten. Das jedoch spielt für das Finanzamt keine Rolle. Der eigentliche Bescheid ist kaum lesbar und nur schwer verständlich. Es scheint so, dass das Amt die Renovierung als „Einkunft" deklariert. Es wird behauptet, Lisa Richter, ihre Mutter und der Onkel seien bei RTL als „Laiendarsteller" aufgetreten und die Renovierung sei ihr „Honorar" gewesen. Obwohl die Familie Richter durch die Renovierung keinen einzigen Euro verdient hat, war jetzt auf einmal mehr zu zahlen, als der gesamte Hof wert war!

RTL äußerte sich zu dem Fall und verwies darauf, dass die Finanzämter bei solchen Renovierungen völlig unterschiedlich vorgingen: manche stellten gar keine Forderungen, andere schon. In diesem Fall wurde die Summe auch von RTL als „völlig absurd" eingestuft. Die Frage kam auf: „Warum interpretiert diese Finanzbehörde komplett anders als viele andere?" Dazu muss man wissen, dass das

Finanzamt Döbeln die Familie vor Ort natürlich kannte. Neid und Missgunst spielten wohl eine Rolle: Lisa Richter ist eine hübsche junge Frau, die nun in einem schönen Bauernhof wohnt, während die Beamten in grauen Amtsstuben sitzen und ihr Leben in Eintönigkeit vorüberzieht. Man erträgt es dort einfach nicht, dass jemand Erfolg hat und glücklich ist. Dieses Glück wurde durch das Amt jedoch gründlich zerstört: Die Gesundheit des Onkels wurde durch das vom Finanzamt angetane Leid völlig ruiniert, er kann sich nur noch im Rollstuhl bewegen und ist zum Pflegefall geworden. Lisa Richter ist nervlich durch die jahrelangen Auseinandersetzungen mit dem Amt schwer belastet. Als Kindergärtnerin kann sie unmöglich die

Summe aufbringen, die durch Verzinsung täglich weiter anwächst. Noch 2016 dauerten die Prüfungen an, die Zwangsversteigerung des Hofes droht.

Tod durchs Finanzamt

Tod durchs Finanzamt

7. Berliner Possen:

Steuerpraxis unter Senator Dr. Thilo Sarrazin

Joachim Werner betrieb und betreibt auch heute noch eine kleine hochspezialisierte Firma für Maschinenbau in Berlin-Spandau. Hergestellt werden hochwertige Labormaschinen für die Gummi- und Kunststoffindustrie. Dass Herr Werner noch heute fleißig Steuern zahlt, grenzt an ein Wunder, denn kurz nach der Jahrtausendwende versuchte das Finanzamt mit aller Macht, den Betrieb des Herrn Werner zu zerstören.

Anlass des Ärgernisses waren Steuerzahlungen, die vom Finanzamt willkürlich geschätzt wurden, viel zu hoch, wie sich bald herausstellen sollte. Dabei überstieg die geforderte Summe 25 Mal den eigentlich geschuldeten Betrag! Selbstverständlich zahlte Herr Werner nur die tatsächlich angefallene Steuersumme, nicht aber die überzogenen Schätzungen. Um an das gesamte Geld zu kommen, beschlagnahmte das Finanzamt zunächst einige Werkzeugmaschinen und versteigerte sie einfach. Das war im Frühjahr 2005. Herr Werner musste Zeit und Mühe aufwenden, um neue Werkzeugmaschinen zu beschaffen. Im Sommer 2005 hatte das Finanzamt beim Amtsgericht Berlin-Charlottenburg eigenmächtig die Insolvenz der Firma beantragt – Herr Werner musste wieder Zeit und Mühe aufwenden, diese Insolvenz abzuwenden. Im Schriftwechsel mit der Steuerbehörde wurden dieser verschiedene Kunden des Maschinenbau-Betriebs bekannt, die von der Behörde sogleich darüber informiert wurden, zukünftige Forderungen würden gepfändet! Trotz dieser geschäftsschädigenden Maßnahmen gelang es der Behörde nicht, den Betrieb in die Insolvenz zu stürzen.

Jetzt griff man zu einer neuen Taktik: man begann, immer wieder Pfändungen vorzunehmen und damit den Ruf des Unternehmers bei den Banken zu schädigen. Tatsächlich musste Herr Werner in den folgenden Monaten mehr als sechs Mal die Bank wechseln, da nach einer Pfändung selbstverständlich jeglicher Kredit bei einer Bank verspielt war. So kam es zwischen Januar bis April 2006 auch zur Pfändung des Kontos bei der damaligen Dresdner Bank, die später selbst gewissermaßen von der Commerzbank gepfändet werden sollte. Die Folge war unter anderem, dass die Aufträge in dieser Zeit zurück gingen, was dann zu einer weiteren Pfändung im August des Jahres 2006 führte. Ein Teufelskreis: das Konto ist gepfändet, die Aufträge können nicht bearbeitet werden, die Einnahmen sinken, die nächsten Steuervorauszahlungen können nicht beglichen werden, es kommt zu erneuten Pfändungen.

Man kann sich leicht vorstellen, was es heißt, wenn das Geld für lebensnotwendige Medikamente, für Arztbesuche, für Lebensmittel oder für Benzin fehlt – sogar zum Schwarzfahren wird man durch den Staat indirekt gezwungen, wobei man dann weitere Scherereien hat. Falls man ein Darlehn zurückzahlt, wird die Rückzahlung durch die Pfändung unterbrochen – dadurch wird die Rückzahlung der gesamten Summe erforderlich, was neue Schwierigkeiten verursacht. Falls man privat krankenversichert ist, kann man durch eine Pfändung sogar seinen Versicherungsschutz verlieren, man wird quasi vogelfrei, zum Abschuss freigegeben. Kurz: der Staat schreckt nicht vor Erpressung zurück, um von seinen Bürgern auch das Letzte herauszupressen. Seinen Ursprung haben solche Pfändungen im Raubrittertum des 15. Jahrhunderts, wo erstmals in der Lombardei 1481 ehrenwerte Ritter das Konto eines Kaufmanns pfändeten, um an eine angebliche Steuerschuld heranzukommen. Allein aus dem Willen zum Überleben wurden dann aus der Not heraus alle Forderungen, ob berechtigt oder nicht, beglichen. Dabei ist es bis heute geblieben. Denn tatsächlich ist das Finanzamt seine eigene Exekutive! Forderungen, die man dort für rechtens erachtet, können sofort vollstreckt werden. Das ist sogar dann der Fall, wenn diese Forderung eine bloße Schätzung ist. Die Finanzverwaltung hat bei fälligen Forderungen auch die freie Wahl der Mittel. Der Beamte kann sofort einen eigenen amtsinternen Gerichtsvollzieher losschicken oder irgend ein bekanntes Konto pfänden, und wenn kein Konto bekannt ist, dann nimmt er einfach das Konto der Ehefrau. Auch Maschinen, Autos oder sonstige Werte sind nicht vor den Greifern des Finanzamts sicher. Wenn Beträge „fällig" sind, dann muss nicht einmal gemahnt werden (!), sondern es kann innerhalb von Stundenfrist gepfändet werden.

So war es auch im Fall von Herrn Werner. Die Finanzverwaltung beauftragte die Polizei, welche ihn am 3. August 2006 in seinem Wohnhaus aufsuchte, da man sich bei diesem Auftritt vor der Familie mehr Druck erhoffte. Selbstverständlich war man zu zweit, und ebenso selbstverständlich geschah dies an einem Sonntag frühmorgens. Dabei ging es lediglich um eine Summe von 300 Euro. Der eigentliche Zweck war Einschüchterung und Machtdemonstration.

Einige Monate später folgte eine weitere Polizeiaktion, auf Empfehlung des Finanzamts. Diesmal ging es um eine Forderung von immerhin über 2.700 Euro. Herr Werner hätte diese Summe schon aus Angst vor neuerlichen Sanktionen überwiesen, aber er hatte zuvor nicht einmal eine Zahlungsaufforderung erhalten! Wir schildern das Unglaubliche mit seinen eigenen Worten:

„Kurze Zeit später standen drei Polizisten in grün in voller Montur mit Knieschützern etc. bei mir im Büro zusammen mit einem 4. und 5. Mann im Mannschaftswagen auf dem Hof, um mich offiziell zu verhaften und mich für 90 Tage ins

Gefängnis zu bringen. Ich könne die Haft nur verhindern, wenn ich sofort und in bar 2.700 Euro zahlen würde. Ich sagte, dass ich das Geld von der Bank holen würde: 'Nein, Sie sind ab jetzt verhaftet und dürfen keinen Schritt mehr alleine unternehmen'. Man würde mich begleiten zur Bank. 'Okay! Dann warten Sie aber bitte draußen, denn was macht es für einen Eindruck in der Bank, wo man mich gut kennt und als korrekten Partner schätzt.' 'Nein, wir dürfen Sie nicht mehr alleine lassen, da Sie verhaftet sind; wir werden mit Ihnen in die Bank kommen, da sie ja durch die Hintertür flüchten könnten'. Meine Antwort: 'Dann halten Sie bitte mit Ihrem Mannschaftswagen in einer Seitenstraße, es kann doch nicht Ihr Ziel sein, mich auch noch menschlich zu demütigen oder zu brechen'. Man fuhr mit mir in die Mitte der Fußgängerzone von Berlin-Spandau und ließ mich dort mitten in der Menge aus dem Mannschaftswagen. Ich ging mit drei Polizisten im Schlepptau in die Bank. Die Herrschaften postierten sich innen in der Zweigstelle vor den Türen und begleiteten mich erfreulicherweise dann doch nicht mehr bis direkt zum Schalter. Man stelle sich vor, ich hätte das Geld nicht auf dem Konto gehabt!"

Es gelang Joachim Werner in den folgenden Jahren, alle Forderungen des Finanzamts zu begleichen und dank seiner Hartnäckigkeit konnten mehrere Mitarbeiter vor der Arbeitslosigkeit gerettet werden. Zu seinen Schwierigkeiten mit der Steuerbehörde äußerte sich der Berliner Finanzbeamte, der gegen den Unternehmer von 2005 bis 2007 vorging, lediglich ironisch: „Sie können ja denselben Job machen wie ich".

Tod durchs Finanzamt

Tod durchs Finanzamt

Tod durchs Finanzamt

8. Sportkarriere und Ehemann verloren:

Das Schicksal von Katrin Krabbe-Zimmermann

Sportler und Sportlerinnen, wenn sie einmal erfolgreich sind, stehen häufig im Fokus der Finanzbehörde. Das bekam auch Michael Zimmermann (geb. 1962) zu spüren. Er war 21 Jahre mit der Athletin Katrin Krabbe-Zimmermann verheiratet, die 1991 Doppelweltmeisterin über hundert und zweihundert Meter und anschließend zur Welt-Leichtathletin des Jahres und Weltsportlerin des Jahres gewählt wurde. Auch Michael Zimmermann war Leistungssportler, arbeitete dann nach seiner Rudererkarriere als Rechtsanwalt.

Katrin Krabbe eröffnete nach ihrem Karriereende 1992 ein Geschäft für Sportwaren in Neubrandenburg. 2009 hat die Steuerbehörde dieses Geschäft erfolgreich in die Insolvenz getrieben, da eine Steuerschuld von 200.000 Euro nur zur Hälfte aufgebracht werden konnte. Dabei hatte die Steuerschuld gar nichts mit dem Geschäft zu tun, sondern mit einer viel älteren Angelegenheit: Die Steuerschuld stehe in Verbindung mit der Schadenersatzzahlung des Leichtathletik-Weltverbandes IAAF aus dem Jahre 2002. Damals wehrte sich Katrin Krabbe erfolgreich gegen Doping-Vorwürfe, es kam nach jahrelangen Prozessen schließlich zur Zahlung von rund

614.000 Euro. Da es sich um einen Schadenersatz auf einen „entgangenen Gewinn" gehandelt habe, hätte das Geld als Einkunft angegeben und versteuert werden müssen.

Michael Zimmermann hat die Privatinsolvenz stark verändert, er bekam Schuld- und Schamgefühle gegenüber seiner Familie, die er nie ganz ablegen konnte. In seinen Augen war seine Karriere als ehrbarer Rechtsanwalt zerstört worden. Katrin Krabbe fand eine neue Arbeit in einem Autohaus in ihrer Geburtsstadt Neubrandenburg, Michael Zimmermann fand in den schwierigen Nachwendejahren keine neue Aufgabe.

Das Insolvenzverfahren zog sich in die Länge und war selbst 2015 nicht abgeschlossen. Noch im Dezember (auch in diesem Fall natürlich zur Weihnachtszeit!) kündigte das Finanzamt an, nun weitere Nachforderungen zu prüfen. Am 5. Mai 2015 fuhr Michael Zimmermann verzweifelt in seinem Auto in der Gegend von Neustrelitz umher, nahm dann in einem Wald bei Adamsdorf eine tödliche Dosis Insulin zu sich. Seiner Ehefrau wurden durch Behörden erst die Sportkarriere vernichtet, dann der Ehemann. Sie äußerte sich nach dem Tod versöhnlich: „Ich spüre, dass er noch da ist. Er hat jetzt diese Schmerzen nicht mehr".

Tod durchs Finanzamt

9. Von der Mafia gelernt:

Finanzämter in bella Italia

Auch im Ausland greifen die Finanzämter erbarmungslos zu. Auch hier gilt: wo ehemals rechte Diktaturen herrschten, ist es besonders schlimm. Beispiel Italien:

2012 rollte eine Selbstmordwelle über das Land. Durch die wirtschaftliche Misere konnten viele Italiener ihre Steuern nicht mehr zahlen, es kam zu Erschießungen, Ertränkungen, Selbstverbrennungen. Von den Medien wurden diese Morde kaum beachtet, mit Ausnahme des tragischen Falls von Giuseppe Campaniello.

Giuseppe Campaniello hat sein Leben lang hart als Maurer gearbeitet. Der Lohn: ein bescheidenes Häuschen vor den Toren Bolognas. Mit 58 Jahren war er in einem Alter, in dem man nicht mehr so ohne weiteres neu anfängt. Er lebte in Ozzano, was ein beschaulicher Ort sein könnte, wenn nicht die gierige Steuerbehörde wäre. Im Vergleich zur Steuerbehörde ist selbst die Mafia in Italien eine Friedensorganisation. Die Steuerbehörde in Bologna hatte es vor allem auf das kleine Haus des Handwerkers abgesehen und setzte nun Campaniello unter Druck. Er sollte sofort 104.000 Euro begleichen, hinzu rechnete die Behörde zahlreiche Sonderabgaben, Strafzahlungen, Verzugszinsen – eine Gesamtsumme von über 200.000 Euro, was höher war als der Wert des Hauses. Angefallen seien diese Steuern zwischen 2005 bis 2007. Man fragt sich, warum die Behörden sich erst 2012 meldeten – es ist jedoch eine beliebte Taktik der Ämter, erst nach vielen Jahren mit Zahlungsaufforderungen zu kommen, wenn die meisten Steuerzahler ihre Unterlagen nicht mehr vollständig haben, was dann sofort zu willkürlichen Steuerschätzungen führt.

Tatsächlich versuchte das Amt, Campaniello von der Bildfläche verschwinden zu lassen. Man klagte ihn wegen „falscher Rechnungen" an, und Campaniello wurde zu fünf Monaten und 10 Tagen Haft verurteilt. In einem zweitinstanzlichen Verfahren konnte er aber nachweisen, dass diese „falschen Rechnungen" eine Fälschung der Finanzbehörde (!) waren, er selbst stets korrekte Bilanzen hatte. Diese für Campaniello gute Nachricht hat ihn jedoch tragischerweise nicht mehr rechtzeitig erreicht: Am 28. März machte sich Campaniello, der sich noch als Verurteilter sah, im Morgengrauen von seinem Heimatort auf und fuhr nach Bologna in die Via Paolo Nanni Costa, wo die Steuerbehörde in einem komfortablen Neubau residiert. Vor dem Gebäude übergoss er sich mit Benzin, setzte sich in seinen Fiat Punto, entzündete sich und explodierte förmlich wie ein Feuerball. Unglücklicherweise verstarb er nicht sofort. Mit allerschwersten

Verletzungen brachte man das, was von Campaniello noch übriggeblieben war, mit dem Hubschrauber nach Parma. Dort ist er dann nach qualvollen Tagen am 5. April verstorben.

In Campaniellos Nachlass fand man einen Abschiedsbrief, aus dem hervorging, dass er seine Steuern stets pünktlich und in vollem Umfang gezahlt hatte. Er schließt diesen Brief mit der Bitte, dass die Behörde, nachdem er nun tot sei, seine Ehefrau Tiziana Marrone in Frieden lassen möge. Selbstverständlich hat das Finanzamt dieser Bitte nicht entsprochen, sondern wollte jetzt von der Ehefrau 60.000 Euro, da Tiziana Marrone die angebliche Steuerschuld des Mannes geerbt habe. Der Kampf geht weiter...

Tod durchs Finanzamt

Quellen und Nachweise:

1. Personalakte Bundesarchiv; Walter Schwarz: Requiem auf einen geliebten Lehrer, in: Juristische Schulung, 17, 7, 1977, S. 487-490; Walter Schwarz: Späte Frucht. Bericht aus unsteten Jahren, Hamburg 1981; Horst Göppinger: Juristen jüdischer Abstammung im 'Dritten Reich', München 1990.

2. Stadtarchiv Krefeld; Dachdeckermeister verübt Selbstmord wegen schlechter
Wirtschaftslage, in: Neues Deutschland,
28.2.1954; Selbstmord wegen der Steuer, in:
Die ZEIT, 4.3.1954.

3. Günter Blutke: Obskure Geschäfte mit
Kunst und Antiquitäten, Berlin 1994 (2);
Ulf Bischof: Die Kunst und Antiquitäten
GmbH im Bereich Kommerzielle
Koordinierung, Berlin 2003; Symposium
'Kunst gegen Valuta': Räuber im eigenen
Land, in: Tagesspiegel (Berlin), 19.5.2011;
Christiane Hoffmans: Mit dem Teufel
Geschäfte gemacht, in: Die Welt, 30.7.2016.

4. Norbert Stirken: Finanzamt will
Steuern von einer Toten, in: Rheinische Post,
26.11.2012.

6. Nach Auftritt in RTL-Show: Darum
drohen Kandidaten hohe Steuer-Nach-
zahlungen, in: Focus, 16.4.2016; Knobelsdorfer Familie in Not, in: Sächsische
Zeitung, 17.4.2016; Finanzamt schweigt zu
Knobelsdorfer Familie, in: Leipziger
Volkszeitung, 21.04.2016.

7.
http://www.vogt-labormaschinen.de/Diverses /Finanzamt.htm

8. Katrin Krabbes Wut über den Suizid ihres Mannes, in: Die Welt, 18.9.2015; Katrin Krabbe über den Tod ihres Mannes: 'Etwas Schlimmeres gibt es nicht', in: Der Spiegel, 19.9.2015; Björn Jensen: Das neue Leben der Weltklassesportlerin Katrin Krabbe, in: Berliner Morgenpost, 26.5.2017.

9. Si diede fuoco davanti alle entrate mauro Giordano: La targa del Comune per Campaniello, in: Corriere di Bologna, 28.3.2012; È morto l'uomo che si era dato fuoco a Bologna, in: 24 Ore, 6.4.2012; Si diede fuoco a Bologna, la Procura archivia l'indagine sulla morte di Campaniello, in: La Repubblica, 7.3.2014.

Wir haben jetzt viele traurige Geschichten gelesen. Mit Tränen und Verzweiflung wollen wir aber nicht enden. Daher werfen wir einmal einen Blick zurück auf die letzten neun Finanzminister Deutschlands. Hier wird gelacht und geschäkert, dass die Bude wackelt! Jetzt dürfen auch Sie lachen: sie haben zwar Geld verloren, aber einen Menschen glücklich gemacht – was gibt es Schöneres? So freundliche und vergnügte Menschen können doch nichts Böses im Schilde führen:

Tod durchs Finanzamt

Sie haben es natürlich längst gemerkt: Satire! Die Berichte sind eindeutig einseitig, maßlos überzogen und auf die allerhöchste Spitze getrieben – so böse und gemein wie hier dargestellt sind Finanzbeamte natürlich im „echten Leben" niemals. Finanzbeamte sind selbstverständlich keine Betrüger und Schmarotzer, sondern gewissenhafte Staatsdiener, die bescheiden für uns, uns Steuerzahler, ihren Dienst leisten. Dank ihnen blüht unser Land auf, wächst der Wohlstand, leben die Deutschen gewissermaßen wie im Paradies. Einer dieser Glücklichen ist auch Michael Prellwitz, der im echten Leben etwas anders heißt, sich aber doch versteckt halten muss, falls nicht doch der eine oder andere Steuerbeamte in Versuchung gerät....

Impressum

Alle Abbildungen: Pixabay GmbH (VAT Reg.No.: DE322857686), München, sowie Wikimedia.

In Kooperation mit: Gudrun-Verlag
Friedrichstraße 95
D-10117 Berlin
www.gudrun-verlag.de
Alle Rechte vorbehalten

1. Auflage August 1919
ISBN: 9783749468201

Cover design: Jo Wittgenhausen
Layout: Jo Wittgenhausen
Printed and bound: BoD, Norderstedt

Tod durchs Finanzamt